全国高等职业院校电子商务专业教材

市场调研与分析
习题册

肖剑锋◎主编

中国劳动社会保障出版社

简 介

本习题册与全国高等职业院校电子商务专业教材《市场调研与分析》配套使用。习题册按教材模块顺序编写，包括填空题、单项选择题、判断题、简答题、计算题、实践题、案例分析题等，题型丰富、难易适中，供学生课后练习使用。

本习题册由肖剑锋任主编。

图书在版编目（CIP）数据

市场调研与分析习题册 / 肖剑锋主编. -- 北京：中国劳动社会保障出版社，2023
全国高等职业院校电子商务专业教材
ISBN 978-7-5167-6181-6

Ⅰ.①市… Ⅱ.①肖… Ⅲ.①市场调研－高等职业教育－教材②市场分析－高等职业教育－教材 Ⅳ.①F713.52

中国国家版本馆 CIP 数据核字（2023）第 205834 号

中国劳动社会保障出版社出版发行

（北京市惠新东街 1 号 邮政编码：100029）

*

北京市科星印刷有限责任公司印刷装订 新华书店经销

787 毫米 ×1092 毫米 16 开本 4.5 印张 76 千字

2023 年 11 月第 1 版 2023 年 11 月第 1 次印刷

定价：10.00 元

营销中心电话：400-606-6496

出版社网址：http://www.class.com.cn

http://jg.class.com.cn

目 录

模块一　认识市场调研工作

学习单元一　认知市场调研意义

一、填空题

1. 因果关系调研，是需要了解市场上各种______之间的因果关系，以及可能出现的相关反应。

2. 在确定了市场调研目的、组建市场调研队伍，并依据科学方法收集、统计和分析数据资料后，最后应该提出市场调研______和形成______。

3. 市场竞争状况调研主要包含竞争构成调研和竞争______调研两类。

4. 企业经营管理人员在针对某个具体问题进行决策时，只有通过市场调研得到______的数据和信息资料，其正确决策才能有据可依。

二、单项选择题

1. 市场调研是企业正确决策的（　　）依据。

A. 核心　　B. 最重要

C. 客观　　D. 主观

2. 某公司发现一款原来较畅销的产品市场份额出现较大幅度的下降，总经理命令市场部经理查明原因，市场部经理为此应展开（　　）调研。

A. 探索性　　B. 描述性

C. 前瞻性　　D. 预测性

3. 某网店想对其顾客的典型特征进行客户画像，其经营者应展开（　　）调研。

A. 探索性　　B. 描述性

C. 前瞻性　　D. 预测性

4.（　　）调研专门调研“为什么”的问题。

A. 前瞻性　　B. 描述性

C. 因果关系　　D. 预测性

5. 欲了解未来一定时期内市场对某种产品的需求量及其变化趋势，应展开（　　）调研。

A. 前瞻性　　B. 描述性

C. 因果关系　　D. 预测性

6. 李店长想了解网店某产品的销售增长与采用直通车进行推广是否具有关联性，应展开（　　）调研。

A. 前瞻性　　B. 因果关系

C. 实地法　　D. 预测性

三、判断题

1. 市场调研是一项关系企业得失成败的科学性工作。（　　）

2. 由于很多产品前期开发阶段的调研费用远高于后期生产阶段和上市阶段的花费，导致很多企业不愿意进行市场调研。（　　）

3. 描述性调研最适合且常用的方法是实验法。（　　）

4. 市场调研的总体思路是必须先从“问题分析”入手。（　　）

5. 对竞争对手的调研是很难的，只能采用卧底的办法。（　　）

6. 大型调研项目的最后环节是提出结论和形成调研报告。（　　）

四、简答题

1. 市场调研对经营活动的重要性体现在哪些方面？

2. 市场调研的内容通常包含哪些方面?

五、计算题

已知：某公司市场占有率 = 某公司产品销量 / 该类别产品市场总销量。

经过市场调研，甲公司小王发现 2022 年 A 食品的市场占有率情况为：甲公司占 15%，乙公司占 20%，丙公司占 25%，丁公司占 10%，其余公司占 30%。现预计甲公司 2023 年的 A 食品销量增长率为 5%，乙公司为 2%，丙公司为 3%，丁公司为 10%，其余公司为 1%。

试估算甲公司 A 食品在 2023 年的市场占有率。

学习单元二　发现需求与开发商机

一、填空题

1. 市场需求是指在一定时间内和一定价格条件下，消费者对某种商品或服务愿意而且______购买的数量。

2. 消费者群体参照需求，是指消费者为了融入群体而产生的与群体特征______的需求。

3. 消费者角色扮演需求，是指消费者要塑造与其______一致的形象而产生的需求。

4. 通过分析市场机会，可以让电子商务经营者根据自身特点，结合______环境，作出准确的市场预测，制定正确的发展策略。

二、单项选择题

1. 市场需求是指消费者在产生缺乏感的状态下，需要确定的目标物以满足其需要，并且得到了（　　）的支持。

A. 购买意愿　　B. 购买欲望

C. 购买能力　　D. 购买时间

2. 按照马斯洛的需求层次理论，位于最高层次的是（　　）。

A. 生理需求　　B. 安全需求

C. 尊重需求　　D. 自我实现（超越）需求

3. 电商企业要想获得竞争优势，最有效的途径就是敏锐地发现顾客（　　）的需求进行创新。

A. 未被满足　　B. 已经满足

C. 主导地位　　D. 有购买力

4. 连锁比率法是对与某产品的市场潜量相关的几个前后逻辑因素进行分析推测后连锁（　　），从而得到预测结果。

A. 相加　　B. 相除

C. 相乘　　D. 相减

5.（　　）法就是对家庭收入、家庭户数、地区零售额等指标加权平均后得出的一个标准系数，然后与全部潜在需求量相乘，以得到某地区的潜在需求量。

A. 历史类推　　B. 购买力指数

C. 横断比较　　D. 连锁比率

6. 电子商务市场容量主要由消费需求和（　　）构成。

A. 消费者　　B. 消费者购买力

C. 价格　　D. 产品

7. 产品类比分析法主要包括历史类推和（　　）两种预测方法。

A. 时序法　　B. 归纳法

C. 倒推法　　D. 横断比较

三、判断题

1. 顾客在购物过程中出现理想和现实的落差，是店铺经营者常碰到的“痛点”问题，也是店铺经营者最讨厌的问题。（　　）

2. 市场机会分析的目标是挖掘已经被完全满足的需求。（　　）

3. 定量分析法比定性分析法更加精准，因而更加有效。（　　）

4. 产品生命周期分析是行业环境分析常用的工具之一。（　　）

5. 横断比较就是对同一时期内某国或某地区某项产品的市场情况与其他国家或地区的情况相比较，然后推测这些国家或地区的市场潜量。（　　）

6. 销售量分析预测主要有销售人员意见综合法、消费者购买意图调研法、专家意见法、趋势预测法等方法。（　　）

四、简答题

1. 简述马斯洛需求层次理论的内容。

2. 简述顾客“痛点”需求的主要来源种类。

3. 店铺经营者为什么要进行市场容量评估?

五、计算题

H 市有 1 000 万人口，中年人约占 30%，老年人约占 20%。根据经验数据，买 A 保险品种的比例为：中年人占 1/5，年人均投保金额为 1 500 元；老年人占 1/3，年人均投保金额为 2 100 元。B 保险公司 A 保险品种的市场占有率为 25%，保险业务员人均销售 A 保险品种的业绩为 100 万元。

试估算在 H 市 A 保险品种的市场容量以及保险业务人员的配置规模。

模块二 明确市场调研目的

学习单元一 确定市场调研主题

一、填空题

1. 调研人员需要具备良好的洞察力、创造力和沟通能力，敏锐地识别环境的变化，帮助企业经营者注意到面临的问题或机会，产生市场调研的______需求。

2. 只有与企业经营者进行充分有效的沟通，清楚掌握他们的______，才能进行有效的市场调研。

3. 市场调研主题是指某项市场调研中需要解决的______、关键性问题。

4. 当企业内外部环境发生变化，从营销管理的角度来看，此时就面临着改善经营管理的机会，从而产生管理______问题。

二、单项选择题

1. 让企业经营者描述具体情况，详谈想法、意见、观点，有利于了解其兴趣或问题所在，这种提问方法属于（　　）。

A. 询问式　　B. 肯定式

C. 征求式　　D. 澄清式

2. 市场调研问题的内容导向为（　　）。

A. 行动导向　　B. 信息导向

C. 决策导向　　D. 绩效导向

3. 管理决策问题的核心内容是（　　）。

A. 调研者要做什么　　B. 竞争者要做什么

C. 消费者要做什么　　D. 决策者要做什么

4. 调研者为确定调研主题，应了解企业经营者的需求和想法，其方法通常不包括（　　）。

A. 适当询问　　B. 认真倾听

C. 头脑风暴　　D. 细致观察

三、判断题

1. 市场营销调研人员需要具备帮助经营管理者注意到面临的问题或机会，挖掘市场营销调研潜在需求的能力。（　　）

2. 经营管理者对自身处境非常清楚，都能明确提出需要市场调研人员为其解决的问题。（　　）

3. 确定市场调研主题，也就是解决“为什么要开展市场调研”的问题，这是市场调研最关键的第一步。（　　）

4. 市场调研主题是指某项市场调研问题项目中所面临和需要解决的所有问题。（　　）

5. 市场调研主题决定着市场调研的总方向和总水平。（　　）

6. 市场调研主题的确定应该采用宽泛陈述。（　　）

四、简答题

1. 确定调研需求的方法有哪些？

2. 简述确定市场调研主题的流程。

五、实践题

背景资料：某平台C网店开张一个月后，其主力产品共有50 000次浏览量，点击量为10 000次，访客数为600个，最后有10个成交，成交总额为10 000元。

通过对平台同类产品的数据调研，行业客单价为900元，同时期行业店铺平均浏览量为60 000次，访客数为620个，转化率为20%，成交率为5%。

任务：在网络查找相应名词的概念，试通过计算分析该店铺的管理决策问题。

学习单元二　设定市场调研目标

一、填空题

1. 市场调研工作在清楚地界定了调研主题后，调研人员就要围绕该主题，系统地设定和阐述市场调研的______，即着手解决“应该进行什么样的调研”的问题。

2. 调研目标可以从调研主题定义中引申出来，这些目标以______的标准，明确决策所需要的有关信息，并确定调研所需要达到的程度。

3. 在总目标分解成各子目标过程中，必须确保各目标的______性。

4. 调研目标的可实现性，是指目标既要有挑战性，又要有______性。

二、单项选择题

1. 在明确了调研问题并对调研目标做过系统陈述后，调研机构应概括性地列出调研的（　　）。

A. 手段　　B. 内容框架

C. 抽样方法　　D. 预算

2. 按照目标管理的（　　）原则，各分解目标是紧密相关的，必须过程同步，一步步靠近总目标。

A. 方向统一　　B. 行动统一

C. 思想统一　　D. 进度统一

3. 陈述市场调研目标的流程通常不包含（　　）。

A. 陈述相关问题

B. 信息数据应用的相关问题

C. 调研者相关素质要求

D. 操作性定义的相关问题

4. 有关设定调研目标的说法，正确的是（　　）。

A. 至少为管理者和调研人员一方认可

B. 要特别注意经济性要求，尽可能降低成本

C. 要特别注意时间性要求，尽可能提前完成

D. 要特别注意可实现性要求，兼具挑战性与可行性

三、判断题

1. 从根本上讲，市场调研目标与市场调研主题是一致的。（　　）
2. 市场调研目标是着手解决“为什么要进行调研”的问题。（　　）
3. 调研目标的制定要注意尽量精细化、具体化。（　　）
4. 对调研目标做陈述，必须要确定好调研的标准时间。（　　）

四、简答题

1. 什么是目标管理的 SMART 原则？

2. 设定市场调研目标的要求有哪些？

3. 设定市场调研目标的工作程序是什么？

五、实践题

背景资料：某手机品牌希望了解在校大学生电子产品消费情况，以便确定针对在校大学生采取何种营销策略，为此成立调研项目。

任务：请确定市场调研目标。

模块三　组建市场调研队伍

学习单元一　选择市场调研机构

一、填空题

1. 非独立性市场调研机构通常是指企业______负责市场研究和推广的部门。

2. 独立性市场调研机构是指企业之外接受他方委托从事市场调研的主体，是进行市场调研的______组织。

3. 专业市场调研机构主要包括高校调研机构及专业市场调研公司，具有直接从事______资料调研的能力，但往往需要收取较高的费用。

4. 非独立性市场调研机构主要职责是收集______商业信息。

二、单项选择题

1. 我国最大的市场调研机构为（　　）。

A. 国家统计部门　　B. 国家民政部门

C. 国家税务部门　　D. 国家财政部门

2. 企业内部负责情报调研和分析的部门通常是（　　）。

A. 生产部　　B. 销售部

C. 市场部　　D. 人力资源部

3. 以下较专长于互联网数据资讯的调研机构是（　　）。

A. 零点调研　　B. 策点调研

C. 数字 100　　　　D. 艾瑞咨询

4. 在确定了待聘市场调研机构后，就应当与之签订委托调研合同，合同中一般约定采取（　　）付款的方式。

A. 按调研进度分期　　　　B. 事前

C. 事后　　　　D. 一次结清

三、判断题

1. 企业开展市场调研必须委托独立性调研机构来执行。（　　）

2. 独立性调研机构的职能相对比较有限，较少直接从事第一手资料的大型调研。（　　）

3. 高校调研机构及专业市场调研公司，具有直接从事第一手资料调研的能力，但往往需要收取较高的费用。（　　）

4. 对于超预算的追加款项的处理方法，一般可接受 30% 追加款。（　　）

5. 调研公司委托合约中要写明应付金额，应注明每个项目的开支情况。（　　）

四、简答题

1. 企业在选择独立性调研机构进行调研时，应先明确哪些主要问题？

2. 委托专业市场调研机构代理调研的合约应包括哪些主要内容？

五、计算题

D 公司提出一个调研项目，在与某独立市场调研机构洽谈报价过程中，对方提交了项目预算费用表，见表 3–1–1。

表 3–1–1　　项目预算费用表

费用明细		单位	数量	单价 / 元	总计 / 元
项目设计阶段	方案设计费	套	1	3 000	3 000
	问卷设计费	份	1	3 000	3 000
	深访提纲设计费	份	2	3 000	6 000
项目执行阶段	案头研究费	份	1	10 000	10 000
	（B 端）企业深访执行费	家	10	3 000	30 000
	竞品企业深访执行费	家	10	3 000	30 000
	（C 端）拦访执行费	份	200	80	16 000
项目分析阶段	数据复核 / 整理 / 分析费	项	1	10 000	10 000
报告撰写阶段	报告撰写费	份	1	15 000	15 000
税费（总费用的 3%）					3 690

D 公司市场部经理提出：（B 端）企业深访可以减少 2 家，竞品企业深访费用应该降低 5%，（C 端）拦访应该增加 100 份、单个拦访费用标准降低 5 元，项目设计阶段费用降低 5%，项目分析和报告撰写阶段费用降低 10%。经双方商讨，最后同意在表 3–1–1 的基础上吸纳 D 公司市场部经理的意见，并在合同中约定项目按照分

步付款的方式结算，30 天应完成项目执行，50 天完成整个项目。

请计算一个月后应完成支付的总费用以及项目总预算费用。

学习单元二　甄选市场调研人员

一、填空题

1. 在从事市场调研职业的岗位中，市场专员是市场部门中最常见的一个岗位，其主要职责是执行公司______。

2. 市场调研员包括______、暗访市场调研员、深访市场调研员、电话市场调研员等类型。

3. 在企业人员岗位中，市场调研员的气质特征为______。

4. 市场调研从业人员应具有能够分析、鉴别、综合______的能力。

二、单项选择题

1. 在各类企事业单位或其他组织中，为本组织或受托为其他组织从事市场调研、市场研究和统计分析及相关活动的一系列工作的总称是（　　）。

A. 市场调研　　　　B. 市场开拓

C. 客户服务　　　　　　　　　　D. 产品开发

2. 以下能力不是市场调研工作必须具备的是（　　）。

A. 沟通能力　　　　　　　　　　B. 空间想象能力

C. 数据处理和逻辑分析能力　　　D. 承压抗压能力

三、判断题

1. 经营管理者和市场调研员都需要多谋善断，对两者的能力和素质要求高度一致。（　　）

2. 甄选市场调研工作人员，面试官一般应由人力资源部门主管和用人部门主管组成。（　　）

3. 是否录用市场调研工作人员，应更多尊重人力资源部门的意见。（　　）

四、简答题

1. 市场调研职业通常包含哪些具体岗位？

2. 你认为对市场调研职业岗位能力的核心要求是偏理性还是偏感性、偏执行还是偏探索？为什么？

五、实践题

讨论：如果没有招聘到合适的市场调研人员，将会给企业带来哪些成本？

学习单元三　管理市场调研团队

一、填空题

1. 调研项目经理必须在一系列的项目计划、组织和______活动中做好领导工作，从而实现项目目标。

2. 调研项目研究设计人员的主要职责是负责市场调研工作的______设计。

3. 市场调研督导员可以分为______督导员和技术督导员。

4. 市场调研过程管理主要包括成本控制、______控制和调研人员管理等几个方面。

5. 市场调研项目组必须强化在______内完成任务的观念。

二、单项选择题

1. 市场调研项目经理要制订进度计划并督促团队成员执行，让团队成员建立(　　)，完整、准确记录自己的时间使用情况。

A. 工作日志　　B. 进度日志
C. 时间日志　　D. 目标日志

2. 信息传递多向化，反馈效果好，实践性强，费用低，多用于人际关系能力训练的培训方法是（　　）。

A. 互动小组法　　B. 角色扮演法
C. 视听技术法　　D. 项目教学法

3. 对于开放式问题，一般要求（　　）。

A. 不要追问　　B. 充分追问
C. 不能追问　　D. 尽量少问

三、判断题

1. 为防止调研人员不按规范流程和技术标准进行调研，通常会抽调部分资深调研人员或督导员对调研人员的现场工作进行暗中观察。（　　）

2. 项目经理应以人为本，充分信任调研人员和善于授权，而不能采取严格的质量控制制度和方法。（　　）

3. 市场调研成本控制是指调研项目组在项目实施过程中要尽可能地减少支出、降低成本。（　　）

4. 在实际调研中，通过建立健全岗位责任制度和奖惩措施，以提高项目组人员的积极性，是控制调研成本的措施之一。（　　）

5. 现场督导员的主要职责是对调研人员的调研技术进行指导，协助执行主管负责调研质量控制等。（　　）

6. 调研项目团队发展包括提高项目小组相关人员作为个体作出贡献的能力和提高项目小组作为团队尽职的能力。（　　）

四、简答题

1. 在实际调研中，可以采取哪些措施控制调研成本？

2. 对调研人员的质量控制一般包含哪些方法？

五、实践题

某调研项目设计了由调研员（多位多地点）给被访问对象发放小礼品的方案，为了有效管控成本，防止发放小礼品可能的作弊行为。请帮助项目经理设计管理对策。

模块四 确定市场调研工具

学习单元一 设计市场调研方案

一、填空题

1. 市场调研方案是指在执行实际调研之前，根据市场调研的目的和要求，对调研的各个方面和全部过程所做的通盘______和整体工作安排。

2. 调研单位就是调研总体中的个体，即调研对象中的一个个具体单位，它是调研中要调研登记的各个调研项目的承担者或______。

3. 调研的全部过程，是指对调研工作______方面的设计，即调研工作所需经历的各个阶段和环节，包括调研资料的收集、整理和分析等。

二、单项选择题

1. 调研对象就是根据调研主题和目标来确定调研的范围以及所要调研的(　　)，它是由某些性质上相同的许多调研单位所组成的。

A. 总体　　B. 个体

C. 样本　　D. 数量

2. 在确定调研对象时，必须根据调研主题和目标严格规定调研对象的含义，并指出它与其他有关现象的(　　)。

A. 联系　　B. 界限

C. 异同　　D. 相同之处

3. 以下不属于一手资料调研法的是（　　）。

A. 观察法　　B. 访谈法

C. 实验法　　D. 文献法

4. 市场调研方式是指市场调研的组织形式，通常不包含（　　）。

A. 全面调研　　B. 重点调研

C. 指定调研　　D. 抽样调研

三、判断题

1. 明确调研对象和调研单位，主要是为了解决向谁调研和由谁来具体提供资料的问题。（　　）

2. 究竟采用何种调研方法，应考虑调研资料收集的难易程度、调研对象的特点、数据取得的源头、数据的质量要求等因素。（　　）

3. 不能让任何接触调研项目的人存在对调研对象理解上的歧义。（　　）

4. 设计市场调研方案是对整个调研工作先作出统一考虑和安排，从而保证调研工作有秩序、有步骤地顺利进行，减少调研误差，提高调研质量。（　　）

四、简答题

1. 市场调研的常用方法有哪些？

2. 制定市场调研方案包括哪些流程环节？

五、实践题

K店铺主要在线上经营冬装，从事跨境业务，客户多来自欧洲，为了提升经营业绩，请你对店铺经营情况进行诊断分析。在诊断前需要进行市场调研，请陈述店铺调研方案设计中的注意点。

学习单元二 选择市场调研技术

一、填空题

1. 根据市场调研的组织方式不同，市场调研技术可分为全面市场调研、非全面市场调研和______调研。

2. 市场普查也称市场全面调研或市场整体调研，是对市场调研对象______的全部单位无一例外地逐个进行调研。

3. 市场典型调研必须选择对总体具有______的单位。

4. 市场典型调研通过对典型单位的研究，可以认识同类现象的本质和规律，借以达到由______到一般的认识目的。

二、单项选择题

1. 非全面市场调研是对市场调研对象总体中的一部分进行调研，常用的技术不包含（　　）。

A. 市场典型调研　　B. 市场重点调研

C. 市场抽样调研　　D. 市场普查调研

2. 在选择调研对象时，通常费用比较高的调研方式是（　　）。

A. 市场典型调研　　B. 市场重点调研

C. 市场普查调研　　D. 市场抽样调研

3. 某次调研，发现个体情况相似度高、总体数量较大，此次调研通常适合采用（　　）方式。

A. 市场典型调研　　B. 市场抽样调研

C. 市场普查调研　　D. 市场重点调研

4. 在海量信息无法在一定时间范围内用常规软件进行捕捉、管理和处理的情况下，调研方式宜选用（　　）。

A. 全面调研　　B. 重点调研

C. 大数据调研　　D. 抽样调研

三、判断题

1. 市场普查的时间必须统一，要确定一个统一的调研时点。（　　）

2. 市场典型调研是注重从市场调研对象中选择具有特色的个体单位作为典型，进行深入、系统的调研。（　　）

3. 市场重点调研中的重点单位是指其数量在总体中所占比重较大，并且其某一数量标志值在总体标志总量中所占比重也比较大。（　　）

4. 市场重点调研和市场典型调研选择调研单位的标准基本相同。（　　）

四、简答题

1. 市场典型调研要注意哪些事项？

2. 市场重点调研有哪些特点？

五、实践题

背景资料：某销售员工作非常努力，对所有的客户都热情周到，可是尽管如此，他的业绩却远远不如一同入职的其他同事，这让他非常伤心，也非常疑惑，不明白为什么自己如此努力却得不到应有的回报。

在一次偶然的情况下，他了解到“二八定律”，觉得自己找到了解决问题的方法，于是他马上找出自己当月的销售图表，开始对图表进行认真分析。结果他发现自己当月收入的大约 80% 居然来自 20% 的客户，剩下的 20% 的收入来自 80% 的客户。

此时，他发现了自己以前的失误，即对所有的客户都投入了同样的时间和精力，付出了 80% 的时间和精力才得到 20% 的收入，这就是他虽然努力工作却没有取得成功的最主要的原因。

找到病根后他马上对自己现有的客户进行了分类，把那些给自己带来 80% 收入的 20% 客户列为最重要的客户，作为自己的主攻对象，决定把绝大部分的时间和精力都用在这些大客户身上。

事实证明他的决定是正确的，此后他的业绩上升很快，加上工作努力，几年之后他就成为企业的金牌销售。

80% 的收入来自 20% 的客户，80% 的企业利润来自 20% 的重要客户，这就是营销行业中的“二八定律”，不仅是企业的营销活动受“二八定律”支配，几乎所有的经济活动都受到“二八定律”的支配。

任务：请联系市场重点调研和市场典型调研的含义，说明客户分类中的 VIP 客户获得优先服务的原理与哪个调研相似。

学习单元三　控制抽样调研误差

一、填空题

1. 样本是从总体中按一定原则或程序抽出的那部分个体所组成的______。

2. 置信度是指估计值与总体参数在一定允许的______范围以内，其相应的概率有多大。

3. 抽样误差是指由于随机抽样的______因素使样本各单位的结构不足以代表总体各单位的结构而引起抽样指标和全及指标的绝对离差。

4. 由于主观因素破坏了随机原则而产生的误差，称为______误差。

二、单项选择题

1. 抽样基本要求是要保证所抽取的样本单位对全部样本具有充分的（　　）。

A. 特殊性　　B. 代表性　　C. 典型性　　D. 先进性

2. 在采用抽样方法进行调研时，因各种原因导致调研对象未答调研问卷，从而引起调研结果出现误差的情况，称为（　　）。

A. 无响应偏差　　B. 系统性误差

C. 抽样误差　　D. 绝对误差

3. 抽样误差为2%、置信度为95%，总体数为1 000，则样本数应不低于（　　）。

A. 606　　B. 706　　C. 608　　D. 808

4. 由调研人员的业务水平、职业操守、工作态度、工作方法等所引起的误差，属于（　　）。

A. 无响应偏差　　B. 系统性误差

C. 抽样误差　　D. 绝对误差

三、判断题

1. 样本容量越大，抽样误差越小。（　　）

2. 一般来说，不重复抽样比重复抽样误差小。（　　）

3. 样本量越大，总体误差值就越小；所以，样本数量越大越好。（　　）

4. 可以在互联网上找到样本量计算器，直接输入总体数、置信度、抽样误差等数据，就可以轻松获得所需要的样本量。（　　）

四、简答题

1. 怎样控制无响应偏差？

2. 如何科学确定样本数量?

五、计算题

某次对用户开展的调研，用户总数为 50 000 名，调研人员希望将抽样误差定为 2%、置信度定为 99%，调研成本为每个调研样本 3 元，假如无其他费用，请计算该次调研所需预算金额。

学习单元四　制定抽样调研方案

一、填空题

1. 简单随机抽样是指从总体 N 个单位中任意抽取 n 个单位作为样本，使每个可能的样本被抽中的概率______的抽样方式。

2. 多阶抽样是指在抽取样本时，分为两个及两个以上的______从总体中抽取样本的抽样方式。

3. 定额抽样是根据总体的结构特征来给调研人员分派______，以取得一个与总体结构特征大体相似的样本的抽样方式。

4. 判断抽样是基于调研人员对总体的了解和经验，从总体中抽选有______单位作为样本的抽样方式。

二、单项选择题

1. 概率抽样的具体方法不包括（　　）。

A. 多阶抽样　　B. 偶遇抽样

C. 分层抽样　　D. 整群抽样

2. 非概率抽样的具体方法不包括（　　）。

A. 系统抽样　　B. 判断抽样

C. 定额抽样　　D. 雪球抽样

三、判断题

1. 应用整群抽样时，要求各群有较好的代表性，即群内各单位的差异要小，群间差异要大。（　　）

2. 根据抽选样本的方法不同，抽样调研方法可分为概率抽样和非概率抽样两类。（　　）

3. 概率抽样是按一定程序依照预定原则从总体中抽出一部分个体组成样本，进行研究并作出估计推断。（　　）

4. 判断抽样的优点是能够发挥调研人员的主观能动性，客观公正易行，可有效降低成本。（　　）

四、简答题

1. 在分层抽样技术中，分层要注意什么要点？有何作用？

2. 偶遇抽样的主要优缺点是什么？

五、实践题

背景资料：某学校有 20 000 名学生，有 5 个饭堂，学校后勤部门想了解学校学生对各饭堂的评价，通过多个指标参数对 5 个饭堂进行评比排名。

任务：请设计合适的抽样调研方案。

学习单元五　设计市场调研问卷

一、填空题

1. 调研问卷又称调研表或询问表，是以______的形式系统地记载调研内容的一种印件。

2. 问卷星是一个专业的______问卷调研、考试、测评、投票平台。

3. 当问卷已经获得管理层的最终认可后，还必须进行______，以发现问卷中存在的错误解释、不连贯的地方、不正确的跳跃模式等。

4. 一旦问卷草稿设计好后，问卷设计人员应对问卷进行______性评估。

二、单项选择题

1. 市场调研问卷的原则不包括（　　）。

A. 必要性原则　　B. 简单性原则

C. 准确性原则　　D. 主观性原则

2. 以下遵循问卷问题可行性原则的是（　　）。

A. 设计问题时，试着从用户角度考虑回答问题

B. 事实和态度的问题不要做区分

C. 多设计假设性问题

D. 多用回忆问题，少引导和提供线索以保持真实性

三、判断题

1. 问卷结束语要简短明了，有的问卷也可以省略。（　　）

2. 编写问卷要求语言简单、概念明确，问卷的规模不能太大。（　　）

3. 在设计问卷时，需要时时站在问卷设计者的角度来审视问题。（　　）

4. 一个问题中只宜询问一项内容，要善于为调研对象做推理假设。（　　）

5. 问卷语气要亲切，符合调研对象的理解能力和认知能力，问题要多使用专业词语以表达准确。（　　）

6. 网络留置问卷的问题应该简单明了，回答问题的时间最好控制在 1 分钟左右。（　　）

四、简答题

1. 问卷中应如何排列问题顺序？

2. 对问卷草稿的评估过程中，问卷设计人员应当重点考虑哪些问题？

五、实践题

背景资料：在短视频平台上从事内容创作进行引流已成为新媒体营销新现象，然而关于短视频创意策划者的人群构成和劳动状况、关于这种新型劳动对劳动者身心健康的影响及对社会的宏观影响，目前还鲜见相关的大规模实证研究。

任务：请对抖音上拥有万名粉丝以上的创作者设计问卷，以调查了解其在人口统计信息、工作方式、收入状况和满意度、工作满意度、生活质量、心理状态等方面的情况。

模块五 执行市场调研任务

学习单元一 选用文献法调研

一、填空题

1. 文献调研法收集资料兼具动态和静态两个方面，但尤其应偏重从______方面收集各种资料。

2. 文案调研法是围绕某种目的对______的各种信息、情报，进行收集、整理、分析研究的调研方法。

3. 由于文献调研法所收集文献的准确程度难以把握，因此，在收集过程中应注意明确资料______并加以说明。

4. 二手资料的内部渠道来源主要是企业各个部门提供的各种______、统计、财务及其他有关资料。

二、单项选择题

1. 根据调研的实践经验，(　　)常被作为调研的首选方式。

A. 访谈法　　B. 观察法

C. 实验法　　D. 文献调研法

2. 以下不属于二手资料的内部渠道来源的是(　　)。

A. 业务资料　　B. 财务资料

C. 统计报表　　D. 政策法规

3. 文献资料的传统收集途径不包含（　　）。

A. 运用全文搜索引擎寻找

B. 从相关机构内部查找

C. 向拥有信息资料的机构或个人索取

D. 接收外界主动、免费提供的信息资料

4. 文献资料的网络收集途径不包含（　　）。

A. 域名直接登录查找

B. 浏览器的“上网导航”首页功能

C. 向信息公司有偿购买

D. 全文搜索引擎

三、判断题

1. 文案调研法和实地调研法在市场调研中相互依存、相互补充。（　　）

2. 文献调研法是收集第一手资料进行加工以获得所需信息。（　　）

3. 调研企业时，二手资料的来源主要包括各级政府机构、情报单位、业务联系单位、互联网、在线数据库及图书馆等所拥有的可供用户共享的各种资料。（　　）

4. 文献调研法兼具可以掌握现实资料和历史资料的优点。（　　）

5. 几乎所有的调研都始于收集现有资料，只有当现有资料不能提供足够的信息时，才进行实地调研。（　　）

6. 文献调研法收集文献信息的方式，主要以收集印刷型文献资料和较有公信力的网络电子文献数据信息为主。（　　）

四、简答题

1. 对文献调研法收集资料进行整理分析应注意哪些要求？

2. 文献调研法的工作程序主要包括哪些步骤?

五、案例分析题

案例材料：蔡某入职F机械有限公司担任销售主管期间，利用销售主管工作便利获取了F机械有限公司客户信息，并通过A有限公司（蔡某独资的公司）从F机械有限公司获取的客户处承接了5笔订单业务。蔡某离职的时候，未经F机械有限公司同意通过手机拍照、QQ文件传输等方式非法获取了F机械有限公司的产品销售客户信息、客户历史成交记录、供货商信息及产品技术图纸、产品资料等。蔡某从F机械有限公司离职后，入职B有限公司（由蔡某和刘某实际负责经营管理），B有限公司利用蔡某从F机械有限公司获取的客户信息联系客户，并承接了1笔订单业务。

问题：

1. 试分析蔡某、A有限公司、B有限公司的行为是否违法。

2. 通过案例材料分析，在收集企业信息资料时，要注意什么问题?

学习单元二　选用网络法调研

一、填空题

1. 网络调研法通过______进行有系统、有计划、有组织地收集、调研、记录和分析与产品有关的市场信息。

2. 网络问卷调研法将调研问卷通过网络发送给调研对象，根据问卷回收技术的不同，又可以分为______法与E-mail法。

3. 一份完整的网上调研问卷通常包括______、问题指导语、问卷主体以及结束语等几个部分。

4. 弹出窗口式抽样方法类似于传统调研方法中的______方式，但由于无人为控制，随机性更好。

二、单项选择题

1. 常用的网络抽样调研方法不包含（　　）。

A. 互联网用户任意抽样　　B. E-mail地址抽样

C. 固定样本抽样　　D. 弹出窗口式抽样

2. 网络间接调研不包含（　　）。

A. 使用搜索引擎　　B. 访问专题性网站

C. 发放网络问卷　　D. 利用相关的网上数据库

3. 以下说法合理的是（　　）。

A. 采用网络直接调研方式，具有网络调研对象容易控制的优点

B. 新产品的试销不能采用网络实验法进行

C. 运用网络观察法，可大大节省人力和时间，降低观察成本

D. 运用网络观察法，上网者受群体压力的影响，表现出来的行为不真实

三、判断题

1. 网络观察法的主要局限性在于无法通过观察人们的表情和肢体语言变化推测人们的心理。（　　）

2. 网络问卷调研设计鉴于其调研特征，问题形式主要是投票式。（　　）

3. 网络调研相比线下调研，用户的耐心往往更好，比较容易发表一些真实的看法，更适合开放性问题。（　　）

4. 鉴于网络的虚拟特征，新产品的试销不能采用网络实验法进行。（　　）

5. 网上调研方式的出现，改变了调研运作环节，传统调研的基本理论（如抽样理论）不再适用。（　　）

6. 网络调研相比线下调研，由于其精准性更好，样本代表性误差更小。（　　）

四、简答题

1. 网络调研的直接方式主要有哪些？

2. 网络在线调研的应用步骤主要有哪些？

五、实践题

每到年末，多数企业都会对本年度员工满意度情况进行一次调查，但是填写纸质版的问卷工作量太大，请利用网络上的问卷星对员工满意度进行调查，写出实施步骤。

学习单元三　选用大数据法调研

一、填空题

1. 大数据调研为“______样本”数据采集带来了重大突破，可以克服传统市场调研中大规模抽样调研的缺点，逐步实现全样本数据库筛选。

2. 根据大数据调研结果进行针对性强的个性化推荐，可以极大地提高消费者______性，缩短消费者与商品之间的距离，提升购物体验。

3. 由于大数据调研为电子商务企业提供了真实可信的用户______，通过对产品或服务的用户分析，可以把用户划分为更细小的粒度，针对特定群体进行营销。

4. 分群画像是指用户群细分，把对产品有同一需求且有共同特征的用户贴上______标签，划分群体画像。

二、单项选择题

1. 以下不属于大数据法调研特点的是（　　）。

A. 提高调研效率　　　　B. 增加成本

C. 实现实时监控　　　　D. 完善传统调研方法

2. 电子商务企业依靠大数据调研所得到的信息进行精准营销表现为用户画像，不包括（　　）。

A. 行为画像　　　　B. 信息画像

C. 标准画像　　　　D. 分群画像

三、判断题

1. 大数据本身具有很强的动态性和时效性。（　　）

2. 大数据调研途径之一是利用网络爬虫技术，可以验证超链接和 HTML 代码，用于网络抓取。（　　）

3. 大数据调研法可以利用计算机 cookies、浏览路径、IP 地址、地理位置等维度，真实又客观地记录用户的行为。（　　）

4. Alexa 是亚马逊公司的子公司，是一家专门发布网站世界排名的网站，一直致力于开发网页抓取和网站流量计算工具。（　　）

四、简答题

1. 电子商务常见第三方数据服务平台有哪些，其作用是什么？

2. 大数据调研通过提供哪些维度调研数据来帮助电子商务企业推行精细化管理？

五、案例分析题

2023 年 1 月 27 日，马蜂窝发布《2023 年春节大数据报告》。报告通过热度趋势、热搜关键词、爆火潮酷玩法、用户画像等维度的大数据分析，全方位解析 2023 年春节旅游的热点、发展态势及旅行人群的行为偏好，并据此作出未来旅行新消费行为和需求的洞察和预测。

问题：你认为马蜂窝是如何利用大数据来全方位解析 2023 年春节旅游的热点、发展态势及旅行人群的行为偏好的？

学习单元四　选用访谈法调研

一、填空题

1. 多数情况下，访谈调研法要借助调研______进行。

2. 调研人员确定了合适的调研对象之后，进入调研对象住所进行访谈的方式称为______访谈，它通常适合于内容量较大或者访问时间较长的调研。

3. 专业人士访谈通常采用函询或现场______的方式进行，在反复征求专家意见的基础上，经过客观分析和多次征询，逐步使各种意见趋于一致。

4. 小组座谈法，就是挑选一组具有______性的调研对象，由一名经过训练的主持人以一种无结构、自然的形式，与该小组具有代表性的调研对象交谈，从而获得对有关问题的深入了解。

二、单项选择题

1. 按照调研人员对访谈结构的控制程度分类，访谈调研法不包括（　　）。

A. 结构式访谈　　B. 开放式访谈

C. 封闭式访谈　　D. 半结构式访谈

2. 按照调研人员与调研对象的联系方式分类，访谈调研法不包括（　　）。

A. 个人访谈　　B. 电话访谈

C. 当面访谈　　D. 网络访谈

3. 网络访谈调研法的种类不包括（　　）。

A. 网上问卷调研　　B. 焦点小组访谈调研

C. 网络论坛调研　　D. 委托专业在线调研网站

三、判断题

1. 与入户访谈相比，拦截访问的费用高、访问的效率低。（　　）

2. 专业人士访谈样本大、针对性强、信息质量高。（　　）

3. 直邮访谈法特别重视用户数据库的建设，以便帮助调研人员准确找到调研对象并邮发问卷。（　　）

4. 中心控制电话访问是指为方便监督和控制访问质量，防止不规范的行为发生，

调研人员在同一时间和地点执行所有的电话访问。（ ）

四、简答题

1. 直邮访谈法的主要特征和适用场景是什么?

2. 委托专业在线调研网站，如何判断究竟哪个问卷调研网站比较好?

五、案例分析题

以下是某位设计师对用户的访谈资料记录。

（一）在接触用户之前，先想好访谈的目的，罗列目标

1. 了解用户的工作场景和工作内容。

2. ×× 系统在用户工作中的作用。

3. 搜集 ×× 系统使用过程中的问题。

4. 发现 ×× 系统中低频、高频使用的功能。

（二）设计问题列表

1. 在什么地方使用 ×× 系统?

2. 你使用 ×× 系统主要是为了完成什么样的工作?

3. 你是如何使用 ×× 系统的?

4. 你在 ×× 系统中做了哪些操作?

5. 你在使用 ×× 系统的时候，哪些功能是最常用到的?

6. 回想一下，你在使用 ×× 系统的过程中，遇到过哪些挫折?

7. 如果是你，希望怎么改进 ×× 系统?

（三）访谈过程

打开通讯录，进入办公室："你好，您认识这个人吗?"

"呃，不好意思，我不认识。"

"啊，那行，我再找找看!"

隔了两行座位，继续："你好，您认识这个人吗?"

"哦，何 ×× 啊，她坐在那个角落里，扎头发的那个!"

"行，感谢!"

于是，来到了所指用户旁："你好，你是何 ×× 吗? 我是昨天预约你的交互设计师。"

"啊……你好……"受访用户有些忐忑。

我继续道："别紧张呀，我来啊，就是想和你聊聊关于 ×× 系统的情况，就是闲聊，大概占用你 20 分钟，就在你座位上就行，你看现在方便吗?"

"可以呀!"

于是我从旁边拉过一张椅子，坐在了受访用户旁边。

我说："是这样子，领导说前方业务人员反映，×× 系统体验不好，具体哪里体验不好，他也不知道，就让我来优化一下。我想最好是找用户聊一聊，看看问题在哪，于是我就来找你们了。"

受访用户："我有一堆东西要吐槽!"

我："真的啊，别急，咱慢慢来!"

我："我能录个音吗? 方便我回听。"

受访用户紧张了："录音干嘛? 别别别!"

我："哈哈哈，好，我不录，我速记!"

我：“我能问一下，你的岗位是啥吗？”

受访用户：“× × 数据分析师。”

我：“那你每天会做哪些工作呢？”

受访用户：“看报表、做报表。”

我：“做报表？做啥报表呀？啥样的啊？”

于是受访用户打开计算机，给我展示了相关的 Excel 表格。

我：“这个报表是怎么做的呢？”

受访用户：“我们从各个平台抓取数据，导出到本地，然后在本地录入 Excel 生成报表。”

我：“哦，这样啊，那你们做完报表后做什么？”

受访用户：“发给领导看呀。”

我：“是怎么发的呀？”

受访用户：“一般我们每天发邮件给相关领导，有时候比较急，就直接截图发群里了。”

我：“哦，所以，我的理解，你们每天的主要工作就是……”

受访用户：“是的。”

我继续道：“那你在工作中，是怎么用 × × 系统的呢？”

受访用户：“× × 就是个垃圾！啊，不……我们把 × × 当作一个查看数据的地方。”

受访用户一激动，间接反映了 × × 系统的口碑或者问题。

我：“你是怎么用 × × 系统的呀？能给我演示一遍吗？比如现在领导要你做一个报表，你需要用 × × 系统来做哪些事？”

于是，受访用户打开 × × 系统界面，登录后进入系统，选择菜单，点击相关按钮，键入文字，搜索文件，打开文件……一系列的操作非常熟练。

而我则在一旁仔细观察她的一举一动，留意她键入的每一个操作，鼠标划过的、点过的每一个地方。通过这些操作，基本可以猜测系统中一些不好用的功能。受访用户演示过后，我基本上知道了她是如何使用 × × 系统的。

我：“除了你刚刚用到的功能，你还会用到其他功能吗？”

受访用户：“基本上不会。”

我：“你平时用 × × 系统的时候，有觉得不好用、不舒服的地方吗？”

受访用户思考了一会儿："有，比如切换报表时，一切换，原来打开的报表就都关闭了，还得重新再搜索打开一次，不能一次性都打开吗？"

我："还有其他的吗？"

受访用户："……"

时间早就过了20分钟，受访用户也是越说越来劲。最后，我发现要了解的信息差不多了，于是抛出了最后一个问题。

我："如果让你来设计这个系统，你希望怎么改进它呢？"

受访用户："就把我刚才说的都弄好了就行……"

我："……好吧。那这样，今天我们就先聊到这儿吧，回头要是我有不明白的可以再找你吗？到时候你可不要嫌烦把我轰出去哦。"

受访用户："不会！"

于是，第一个用户访谈就结束了。

（四）做好访谈记录

做完一个用户访谈之后，最好立马重新整理速记内容。内容如下。

1. 用户的岗位、职责、工作内容（工作链路）。

2. 用户使用××系统主要做了哪些事。

3. ××系统的哪些功能常用、哪些功能不常用。

4. 用户遇到的问题（可以是使用系统过程中，也可以是日常工作中遇到的问题）。

5. 用户的建议。

做完整理后，即可访谈下一个用户。

问题：结合案例，你认为要做好访谈调研应该注意哪些问题？

学习单元五　选用观察法调研

一、填空题

1. 观察调研法基本上是调研人员的单方面活动，是在______状态下的非参与观察，能获得生动的资料。

2. 观察调研法的最大优点是______性和可靠性，可以比较客观地收集第一手资料。

3. 观察调研法只能反映客观事实的发生经过，而不能说明发生的______和动机。

4. 在实际观察时，要求调研人员遵守有关法律和职业道德，更不能对涉及国家机密和个人______的内容进行观察。

二、单项选择题

1. 观察调研法是指调研人员利用自身的感官或借助（　　）直接或者间接记录和观察正在发生的市场行为和状况，从而获取市场信息资料的实地调研方法。

A. 网络　　B. 直觉

C. 科学技术　　D. 仪器设备

2. 依据观察对象的隐藏性，可将直接观察法分为（　　）和神秘购物法。

A. 人员观察法　　B. 顾客观察法

C. 机器观察法　　D. 设计观察法

三、判断题

1. 观察调研法是指调研人员利用自身的感官直接观察正在发生的市场行为和状况，从而获取市场信息资料的实地调研方法。（　　）

2. 神秘购物法是指由调研人员暗中到服务实施场所进行观察以获取调研资料的方法。（　　）

3. 顾客观察法是指主要利用调研人员的眼睛、耳朵等感觉器官去感知观察对象的方法。（　　）

4. 观察调研法一般不依赖语言交流，不与调研对象进行人际交往。（　　）

四、简答题

1. 观察调研法的常见分类有哪些？

2. 运用观察调研法有哪些注意事项？

五、案例分析题

台塑集团的创始人王永庆幼时家贫，15 岁小学毕业后，到一家米店当学徒。第二年，他用借来的钱开了一家规模很小的米店，开始卖米挣钱。

当时的大米加工技术比较落后，出售的大米经常混杂着米糠、小石子，买卖双方都见怪不怪。在一年的学徒生涯中，王永庆认识到，如果没有这些杂物，大米的销路会更好。于是，和一般米店做法不同，他每次都把米中的杂物拣干净了才拿出来卖。因此，吸引了很多顾客登门买米。

王永庆卖米包送。在送米上门的时候，他还备了一本厚厚的记事本，记录下顾客家里有多少人，一个月吃多少米，吃什么样的米，何时发薪等。

估计顾客米快吃完的时候就打电话问要不要送米。得到顾客的应允，他二话不说，就能把正对口味的大米送到顾客家中。

王永庆送米也有一绝。他送米不是送到门口就算了，而是每次都帮顾客倒进米缸里。遇到米缸里还有米，他会把米倒出来，先将米缸刷干净，再把新米倒进去，将旧米放在上面，这样一来，旧米就不会因存放过久而变质。

更为重要的是，他还“登堂入室”摸清了顾客家中米缸的大小，推测、修正顾客下一次的购米时间和数量。此外，他还借这个机会和顾客攀谈，从而搜集顾客更多的需求信息。就这样，他的生意越来越好，顾客越来越多，从这家小米店起步，王永庆最终成为台湾地区工业界的“龙头老大”。

后来，他谈到开米店的经历时，感慨说：“虽然当时谈不上什么管理知识，但是为了服务顾客做好生意，就认为有必要掌握顾客需要。没想到，由此追求实际需要的一点小小构想，竟能作为起步的基础，逐渐扩充演变成为事业管理的逻辑。”

问题：从案例中，你认为王永庆是依靠什么方法比竞争对手更精准掌握顾客需求特征的？

学习单元六 选用实验法调研

一、填空题

1. 实验调研法是指调研人员有目的、有意识地通过改变或______一个或几个市场影响因素的实践活动，来观察市场现象在这些影响因素下的变化情况，进而认识市场现象的本质和发展变化规律。

2. 在实验中，可以将实验单位随机地分成两个部分，一部分是接受处理后的自变量，称为处理组或者实验组；另一部分是受控制的，即不接受处理的，称为______组或者______组。

3. 对实验单位进行处理之后才测量自变量对因变量影响的，称为______设计。

4. 实验调研法包含实验组前后连续对比实验、实验组与控制组对比实验和实验组与控制组______对比实验三种类型。

二、单项选择题

1. 以下不属于实验调研法基本要素的是（　　）。

A. 实验者　　B. 实验对象

C. 实验活动　　D. 实验目的

2. 以下不属于实验调研法特点的是（　　）。

A. 应用范围广泛　　B. 对调研人员要求比较高

C. 花费时间长　　D. 能直接掌握大量第一手资料

三、判断题

1. 实验调研法是一种具有实践性、动态性、综合性的直接调研方法。（　　）

2. 市场测试就是将一个品牌或产品投放到一个细分市场上进行大规模的推广或销售并测定效果。（　　）

3. 在标准市场测试中，城市实验适用于广告计划或价格水平的选择，地区实验一般用来比较两套可供选择的市场营销方案。（　　）

4. 实验组前后连续对比实验是在没有控制组作参照的情况下，考察实验组在改变实验因素前后发生的变化，从而测定实验因素对调研对象影响的实验效果。（　　）

四、简答题

1. 模拟市场测试的步骤分为哪些？

2. 实验组与控制组前后对比实验的原理是什么？

五、实践题

背景资料：某品牌商为了提高某零食的销售量，计划改变该零食的搭配，于是选定了两家条件相仿的店铺进行实验跟踪。首先，分别统计了两家店铺一个月的销售量为 50 万元和 80 万元；然后，其中一组采用新配方（实验组），另一组采用原配方（控制组），再分别统计两家店铺一个月的销售量为 60 万元和 90 万元。

任务：请分析实验并得出结论。

模块六　形成市场调研报告

学习单元一　建立调研数据管理体系

一、填空题

1. 调研数据质量控制主要包含两个方面内容：一是改善调研数据质量，二是改善调研______质量。

2. 数据准确性评估是用于分析和识别哪些是不准确的或______的数据。

3. 数据指标是对某个事物结果量化，形成______化的度量方式。

4. 单一的数据指标也不能反映整体情况，需要建立数据指标______，通过一系列有逻辑关系的、多维度的数据指标来评估调研对象的状况。

二、单项选择题

1. 调研数据质量的改善不包括（　　）。

A. 数据评估　　B. 数据清洗

C. 数据监控　　D. 人员素质管理

2. 以下不属于调研数据质量评估维度的是（　　）。

A. 数据真实性　　B. 数据重复性

C. 数据准确性　　D. 数据及时性

三、判断题

1. 真实可靠的原始数据是调研工作的灵魂，是调研统计分析的基础。（　　）

2. 数据及时性评估是指能否在任何时候获得数据，这是影响数据处理和管理效率的关键指标。（　　）

3. 整理调研数据时，对于不规范的数据必须先通过定性处理，使其规范化，再用数据分析工具进行分析。（　　）

4. 整理调研数据时，对于开放性问题，经过分类归纳集体讨论整理出有用的内容。（　　）

四、简答题

1. 调研数据质量控制的内容是什么？

2. 调研数据指标体系分析的主要方法有哪些？

五、实践题

背景资料：某家以女装销售为主的服装电商公司最近准备调用 100 万元资金加大商品推广力度，其主要销售产品有 A、B、C、D 四个品牌。

A 品牌是公司的老品牌，销售额占公司销售额的 60%，该品牌的利润占整个公司的 65%，属于该公司的主力品牌。但最近几年，这个老品牌利润增长率从正增长慢慢变成了负增长。

B 品牌是公司前几年新开拓的品牌，表现强劲，销售额和利润率的增长均在 20% 以上，而且没有同类竞争对手，但是目前还没形成规模。

C 品牌是公司前几年开拓的新品牌，属于企业规划中的高端品牌，销售额增长较快，但是该品牌有一家实力强劲的竞争对手，造成了 C 品牌在整个市场当中的份额占比并不高。

D 品牌是公司的老品牌，该品牌的市场份额占比并不小，但是销售增长额连年下降，已经渐渐有被 B、C 两个品牌取代的趋势，上个季度更是出现了大量滞销的现象。

任务：请用数据分析该公司应该如何设置不同商品的资金投放量。

学习单元二　整理录入问卷信息

一、填空题

1. 对于问卷中某部分或某些问题答案空白，如果是可以解决的，就请调研人员当场更正，如果是无法解决的，就以______的方式来处理。

2. 如果只有极少数的问卷发生将单项选择题填写成多项选择题这种现象，且对于整个研究分析结果不会造成实质性影响，可以直接以______的方式处理。

3. 如果问卷中发生较多将单项选择题填写成多项选择题这种现象，可以先把答案录入数据库，再采用______的方式进行处理。

4. 对回收的问卷，在剔除废卷后要统计有效问卷的______率，并进行登记。

二、单项选择题

1. 以下不属于资料汇编基本要求的是（　　）。

A. 完整　　B. 系统

C. 简明　　D. 分散

2. 以下不属于问卷数据录入方式的是（　　）。

A. 扫描录入　　B. 人工录入

C. 计算机辅助系统转换　　D. 光电录入

三、判断题

1. 调研对象不认真作答或者乱填答案的问卷必须作为废卷处理，剔除样本，以免影响整体调研结果。（　　）

2. 初步检查问卷的检查相关配额环节，即检查回收的问卷数量是否与要求的数量一致。如数量不够，要立即补足。（　　）

3. 初步检查问卷的检查答案环节，即检查是否完整作答，答案是否存在逻辑矛盾。如有，应作为废卷处理。（　　）

4. 若市场调研问卷是单项选择题，由于各种原因导致调研对象选择了两个或两个以上答案。对于这种情况，应作为废卷处理。（　　）

四、简答题

1. 整理文字资料的一般程序是什么?

2. 问卷回收流程包括哪些步骤?

五、实践题

背景资料：在一次调研中，总体数为 36 000，要求调研抽样误差为 5%、置信度为 95%，有效问卷回收率达到项目要求的 96% 以上。

市场调研人员在调研中共发出 200 份问卷，在整理回收的 197 份问卷中，发现以下问题：1 份问卷只做了一多半，2 份问卷答案完全雷同，2 份问卷每道单选题均为多选答案，3 份问卷多处前后逻辑自相矛盾。

任务：假如你是项目主管，你认为应如何处理此次调研及相关问卷出现的问题?

学习单元三　数据分析

一、填空题

1. 数据分析是为了提取有用______和形成有效结论而对数据加以详细研究和概括总结的过程。

2. 数据分析的目的是把隐藏在看似杂乱无章的大量数据背后的信息集中和提炼出来，总结研究对象的内在______。

3. 相关分析是研究现象之间是否存在某种对应______关系，并探讨其相关方向以及相关程度的分析过程。

4. 聚类分析是指将物理或抽象对象的集合分组为由______对象组成的多个类的分析过程。

二、单项选择题

1. 因果分析也称（　　）。

A. 聚类分析　　B. 对应分析

C. 相关分析　　D. 鱼骨分析

2. 数据分析的作用不包括（　　）。

A. 分析现状　　B. 作出决策

C. 分析原因　　D. 预测未来

三、判断题

1. 相关关系是指数据间存在一定的确定性的关系。（　　）

2. 当一组数据增加或减少时，另一组数据却随之减少或增加，则称两组数据为正相关关系。（　　）

3. 聚类是将数据分类到不同的类或者簇的过程，同一个簇中的对象有很大的相似性，而不同簇的对象有很大的相异性。（　　）

4. 聚类分析属于探索性分析，在分类过程中应事先给出分类标准。（　　）

四、简答题

1. 聚类分析在商贸领域的应用主要有哪些？

2. 因果分析（鱼骨分析）的步骤分为哪些？

五、案例分析题

某移动公司希望对用户细分，了解他们不同的手机消费习惯，选用的特征变量为工作日上班时间电话时长、工作日下班时间电话时长、周末电话时长、国际电话时长、总通话时长、平均每次通话时长。

在取得用户原始的数据和确定特征变量之后，使用市面上某款可视化建模工具将客户划分为簇，将需要进行市场划分的客户数据输入模型，对客户进行划分，见表 6–3–1。

表 6–3–1　　某移动公司客户划分情况　　单位：分钟

	工作日上班时间电话时长（均值）	工作日下班时间电话时长（均值）	周末电话时长（均值）	国际电话时长（均值）	总通话时长（均值）	平均每次通话时长（均值）
客群 A	1 000	900	1 000	900	1 000	900
客群 B	800	400	800	400	800	400
客群 C	1 200	1 000	1 200	1 000	1 200	1 000
客群 D	900	600	900	600	900	600

由于聚类模型属于无监督学习方法，只是运用数学计算原理将相似的客户划分到一起，而每个簇所代表的含义还需要调研人员进一步分析。在这一步可以通过简单观察划分的客群在不同特征上均值的分布、范围的分布等对客群做出解释，也可以从各个维度上观察客群的详细分布状况来进行解释。

问题：该案例进行了何种类型的数据分析？有何用处？

学习单元四　定量预测

一、填空题

1. 定量预测是根据有效的历史数据，利用数学模型进行分析，揭示______之间的关系和规律，用于预测变量未来发展和变化规律的方法。

2. 时间序列预测法是根据指标本身的______数据变化趋势寻找市场的演变规律，据此作为预测的依据，即把未来作为过去历史的延伸。

3. 平均数预测法主要包括简单平均数法、加权平均数法和______平均数法。

4. 市场中有些商品的销量会随自然气候、生产条件、风俗习惯、季节等因素的变动而变动，从而呈现周期性的变动规律，对这种预测适合于______指数法。

二、单项选择题

1. 定量预测的特点不包括（　　）。

A. 重视预测对象的变化过程，能够在数量上准确描述变化程度

B. 可以利用计算机软件进行大量数据的处理和计算

C. 对数学建模知识有要求

D. 受主观因素影响比较大

2. 常用的移动平均数法不包括（　　）。

A. 一次移动平均数法　　B. 移动加权平均数法

C. 二次移动平均数法　　D. 多元移动平均数法

三、判断题

1. 回归分析预测法是从一个指标的历史与现实变化的关系中探寻事物的规律性变化，作为预测未来的依据。（　　）

2. 简单平均数法是将一定观测期内预测目标的时间序列的各项求和，并将其作为下期预测值。（　　）

3. 在时间序列预测中，近期的数据与远期的数据相比，近期数据越接近预测时间，影响越大，可靠性越强。（　　）

4. 移动平均数和算术平均数本质上无区别，均表示一系列数字，每个数字都代

表一个平均数。（ ）

5. 散点图、气泡图的用途主要是反映结构构成，用于统计。（ ）

6. 当影响市场变化的多种因素中有一个最基本并起到决定性作用的因素，且自变量和因变量的分布呈现线性趋势的时候，就可以使用一元线性回归法进行预测。（ ）

四、简答题

1. 时间序列预测法主要包含哪些方法？

2. Excel 常用图表及用途有哪些？

五、实践题

已知某空调品牌近 3 年每月销量，见表 6-4-1。

表 6-4-1　　某品牌空调近 3 年月销量情况　　单位：台

	1月	2月	3月	4月	5月	6月	7月	8月	9月	10月	11月	12月
第 1 年	2 500	2 900	3 000	4 500	5 900	7 100	6 900	6 500	5 100	4 500	3 800	2 800
第 2 年	2 400	3 100	3 500	4 100	6 200	7 300	7 200	6 900	5 800	4 700	3 500	3 000
第 3 年	2 900	3 300	3 600	4 600	5 100	7 100	7 000	6 900	6 100	4 900	3 400	3 300

任务：预测该品牌空调未来一年销量。

学习单元五　定性预测

一、填空题

1. 根据类推目标主体不同，对比类推法又可以分为产品类推法、地区类推法、行业类推法、______类推法和局部总体类推法。

2. 综合意见法是通过科学地组织讨论程序，利用从业人士、行业专家等的经验、知识和能力，充分发挥集体智慧，对事物未来的发展变化趋势作出预测，主要包括______法、德尔菲法、名义小组法等。

3. 德尔菲法本质上是一种______函询法，按照规定的程序，通过多轮背靠背地征询专家对未来市场的意见或者判断，进行预测。

4. 领先指标法就是利用相关变量或指标与调研对象之间的时间关系，将各种指标分为领先指标型、______指标型和滞后指标型三种类型。

5. 局部总体类推法是以某一个企业的普查资料或某一个地区的抽样调查资料为基础进行分析判断，来预测和类推______或大范围的市场变化。

二、单项选择题

1. 定性预测的特点不包括（　　）。

A. 主观性较强，易受个人主观错误影响

B. 与定量预测相比，成本较低

C. 具有较强的灵活性

D. 对一些技术要求比较高的决策事件无法提供准确的预测

2. 情景预测法的特点不包括（　　）。

A. 有利于决策者更客观地进行决策

B. 能及时发现未来可能出现的问题

C. 充分调动预测人员的想象力

D. 受条件限制，应用不够灵活

三、判断题

1. 定性预测往往是定量预测的前提，适用于主要依赖人的经验以及分析能力对事物发展的性质、趋势和方向进行预测。（　　）

2. 与定量预测相比，定性预测的主观性较强，易受个人主观错误影响，而给整个预测结果带来偏差。（　　）

3. 行业类推法是利用产品之间在功能、构造技术、市场表现、生命周期等方面具有的高度相似性，将其中一个产品的发展规律类推至相似产品。（　　）

4. 采用头脑风暴法组织群体决策预测时，要集中有关专家召开专题会议，在第一阶段参与人员自由预测时，应让其他人充分发表意见。（　　）

四、简答题

1. 定性预测主要包含哪些方法？

2. 经验判断法主要包括哪些方法?

五、实践题

背景资料：A 公司在 2023 年制定了新的发展战略：2023 年营业收入达到 20 亿元，2024 年达到 30 亿元，2025 年达到 46 亿元。为了配合该扩张战略，公司决定对人力资源的运用与配备进行规划。

任务：请设计预测方案，帮助公司预测 2025 年销售部门人力资源需求。

学习单元六　撰写市场调研报告

一、填空题

1. 市场调研报告是指用书面表达的方式反映市场调研过程和调研______的分析报告。

2. 实践证明，结论式标题的写作往往以市场的______作支撑，要求撰写者的写作经验和市场经验都必须达到一定的娴熟度。

3. 提问式标题写作的关键在于及时捕捉市场中颇有争议的消费现象，将其内容浓缩，而后适当选择设问或______的提问方式，形成提问式标题的基本格局。

4. 在撰写市场调研报告的过程中，调研人员应始终检查调研报告，是否偏离调研目标，是否遵循______者要求等。

二、单项选择题

1. 双标题的写作形式特点不包括（　　）。

A. 多元化效果

B. 对写作素养要求不高

C. 富有吸引力

D. 引人注目

2. 撰写市场份调研报告的制表原则不包括（　　）。

A. 数据信息要严格按照大小顺序排列

B. 标题应该简明

C. 脚注位于主表及表格信息来源的下方

D. 遵循“一表一标题一编号”的原则

三、判断题

1. 市场调研报告是整个调研活动与分析成果的有形产品，是管理决策的重要依据。（　　）

2. 市场调研报告要注意通过用书面文字系统、完整、全面和清晰地表达，以体现出思路和写作水平。（　　）

3. 市场调研报告有着严格的格式要求，在结构上都必须包括标题、导言、主体和结尾几个部分。（　　）

4. 直陈式标题比提问式标题更容易吸引住眼球，激发阅读兴趣。（　　）

四、简答题

1. 市场调研报告的标题通常有哪些形式?

2. 撰写市场调研报告要注意哪些要求?

五、实践题

请在网络上搜索一篇调研报告，并为其设计四个不同的标题（直陈式标题、结论式标题、提问式标题和双标题各一个）。并说说你认为该调研报告存在哪些优点和缺点。